Me Doblé el Tobillo: ¿Qué hago?

Guía Rápida para Atletas, Entrenadores, y Padres, en el manejo apropiado de lesiones de tobillo

Angel Ginorio Martínez PhD, ATC

Angel M Ginorio Martinez PhD, ATC

Publicado de forma independiente

Gurabo, PR

Copyright

ISBN: 9798329360554

2024, Angel M Ginorio Martinez

Todos los derechos reservados

Angel M Ginorio Martinez PhD, ATC
aginorio@gmail.com

Biografía del Autor

Nacido y criado en Humacao, Puerto Rico, el Dr. Angel M. Ginorio Martínez posee un bachillerato en Terapéutica Atlética de Iowa State University, una maestría en Educación Física de la Universidad Interamericana de Puerto Rico, y un Doctorado en Educación Internacional de Northcentral University. Se desempeña como catedrático auxiliar y coordinador del programa graduado de educación en la Universidad Ana G. Méndez (UAGM) Recinto de Gurabo.

Por los pasados 25 años ha tenido la oportunidad de trabajar como Terapeuta Atlético (Athletic Trainer) en múltiples eventos deportivos a nivel local e internacional. Desde el 1998 ha trabajado con la selección nacional de Tenis de Puerto Rico. Esta gesta le enorgullece y es una de sus principales motivaciones para continuar trabajando en el comité nacional de Copa Davis y como miembro de la junta de directores en la Asociación de Tenis de Puerto Rico.

De igual modo, por más de 20 años ha sido parte de la delegación médica del Comité Olímpico de Puerto Rico (COPUR) desde Juegos Centroamericanos Maracaibo, VEN 1998 hasta Juegos Panamericanos en Lima, PER 2019. Durante todos estos años, ha tenido el privilegio de trabajar como terapeuta atlético con la delegación de Puerto Rico en los primeros Juegos Olímpicos Juveniles en Singapur 2010 y el campamento olímpico previo a los juegos Olímpicos Tokio 2021 en Finlandia.

En el año 2009 fundó y presidió la Organización de Terapeutas Atléticos en Puerto Rico (OTAPUR) en gesta colaborativa con otros excelentes profesionales comprometidos con la educación y prevención en el deporte. Un dato importante de esto es que la OTAPUR surge con la intención de legislar leyes que regulen la profesión de la terapéutica atlética en Puerto Rico. Presidió varios términos, pero actualmente, el doctor Ginorio es el presidente de la Federación de Medicina Deportiva de Puerto Rico (FEMEDE).

En su afán de continuar contribuyendo a su país a través de la terapéutica atlética, la medicina deportiva, y el deporte, ha decidido emprender la redacción de una serie de guías para educar a atletas, entrenadores y padres. Esto con la fiel convicción de que, sin lugar a duda, educación es prevención.

Dedicatoria:

Esta guía está dedicada a mi familia, comenzando con mi esposa y Dra. Sandra Guzmán Figueroa que me motivó a escribir y publicar esta guía…

A mis hijos que son mi motivación de vida Angel David, Oscar, Alberto y Diego….

A mi mamá Gloria Martínez que nunca se rindió y siempre confió en mí; y a mi papá Víctor Ginorio que siempre me ayuda y me dice: - "dale pa'lante"….

A la Dra. Ana Cintrón que tomó de su tiempo para editar esta guía…muchísimas gracias por su ayuda.

A todos los atletas y estudiantes que he tenido el orgullo de trabajar en estos últimos 30 años de carrera y nunca podré mencionarlos a todos, ustedes saben quiénes son. Gracias por la oportunidad de trabajar con ustedes y por siempre confiar en mi….

A la MB por tantos años de servicio al país desde la distancia.

Aclaración

El autor no posee un doctorado en medicina, pero si un doctorado en educación y ha trabajado como terapeuta atlético certificado por la National Athletic Trainers Association en EE.UU por más de 25 años en diferentes equipos deportivos en todos los niveles, aficionado, profesional, nacional, e internacional. Además, tiene más de 20 años como catedrático auxiliar en la Universidad Ana G Méndez en Gurabo en el departamento de Educación Física.

IMAGENES: Las ilustraciones incluidas en esta publicación han sido obtenidas de sitios web que ofrecen imágenes de uso libre y gratuito.

Descargo de responsabilidad: La información contenida en este libro está basada en literatura científica actualizada y en la experiencia de 30 años del autor como terapeuta atlético certificado. Sin embargo, no reemplaza la evaluación ni el tratamiento de un profesional médico. Se recomienda consultar a su médico de confianza o a un especialista en medicina deportiva para el diagnóstico y seguimiento adecuado de cualquier lesión. Esta guía está escrita para personas mayores de 18 años, menores tienen que consultar con un especialista en todo momento antes de usar esta guía. El autor y editor no se hacen responsables por el uso indebido de la información brindada en esta guía. Consulte a un profesional de la salud de su confianza para aclarar cualquier duda antes de aplicar los consejos propuestos en esta guía.

Tabla de Contenido

INTRODUCCIÓN 1
    ¿Qué es un terapeuta atlético? 2
    ¿Por qué debe leer esta guía? 4
    Terminología 6

¿QUÉ SON LESIONES DE TOBILLO? 7
    Clasificación de lesiones musculo esqueletales y ligamentosas 8
    Anatomía del tobillo 10
    Esguince Lateral del Tobillo 13
    Clasificación de esguinces lateral de tobillo 17
    Recomendaciones para tratamiento inmediato en una lesión aguda. . 19

5 PASOS PARA MANEJAR LA LESIÓN AGUDA: 22
    Días 1 al 3 (primeros tres días) 28
    Días 4 al 7 31
    Día 7 en adelante 34

8 RECOMENDACIONES PARA REGRESO A LA PRÁCTICA DEPORTIVA 38

REFERENCIAS 41

APÉNDICE A 43

APÉNDICE B 45

APÉNDICE B 46

APÉNDICE C 51

Me Doblé el Tobillo: ¿Qué hago?

Introducción

Los esguinces (dobles) de tobillo son una de las lesiones más comunes relacionadas con la práctica deportiva. Según datos recientes, ocurren aproximadamente 24,000 esguinces lateral de tobillo (ELT) diariamente en EE.UU representando un 25% de todas las lesiones deportivas (IAinstitute, 2023), y solo el 50% de las personas que sufren un ELT buscan atención médica (Vuurberg et. al. 2018). Esto representa casi 2 mil millones de dólares a la economía (Shah et. al. 2016).

Luego de 30 años de experiencia como terapeuta atlético certificado por la National Athletic Trainers Association (NATA), he atendido innumerables casos de esguinces de tobillo en diversos deportes tanto aficionados como profesionales. Motivado por la alta incidencia de esta lesión y las constantes llamadas telefónicas solicitando ayuda de atletas, familiares y amigos luego de sufrir un esguince, he decidido crear esta guía. El objetivo de esta guía es proveer información para atletas, entrenadores, padres, y cualquier persona que experimente un esguince de tobillo en algún momento de su vida.

Me Doblé el Tobillo: ¿Qué hago?

¿Qué es un terapeuta atlético?

Los terapeutas atléticos están preparados para trabajar con el cuidado inmediato, educación, prevención y rehabilitación de lesiones relacionadas con la práctica deportiva (NATA, 2021). Algunos estamos certificados por la National Athletic Trainers Association (NATA) de Estados Unidos, luego de graduarse en universidades acreditadas por Commission on Accreditation of Athletic Training Education (CAATE) y aprobar el examen de certificación correspondiente. También, hay egresados muy competentes del único programa de terapéutica atlética en Puerto Rico que se ofrece en la Universidad de Puerto Rico en Ponce que tienen un grado de bachillerato en terapéutica atlética que ejercen en la isla.

Cabe destacar que en Puerto Rico aún no se cuenta con un programa acreditado a nivel local que permita a los estudiantes certificarse ante la NATA directamente. Sin importar su procedencia, los terapeutas atléticos en la isla trabajan en colaboración con especialistas en medicina deportiva en la evaluación, prevención, manejo, rehabilitación y atención de emergencias ante lesiones de atletas. Nuestra labor es invaluable para garantizar el bienestar físico y cuidado integral de los deportistas puertorriqueños.

Es sumamente importante que todas las instituciones y organizaciones relacionadas con el deporte en Puerto Rico cuenten con la presencia de terapeutas atléticos durante sus actividades y eventos, incluyendo escuelas, equipos, ligas y torneos deportivos. La labor que realizamos durante los juegos, prácticas y competencias es invaluable, pues su intervención oportuna puede salvar vidas ante lesiones o situaciones de emergencia con los atletas. En las últimas tres décadas se ha incrementado la contratación de terapeutas atléticos en el ámbito deportivo local, pero es necesario continuar promoviendo y ampliando su presencia en las diversas disciplinas y niveles.

Todavía queda camino por recorrer para garantizar que todos los deportistas puertorriqueños, desde juveniles hasta profesionales, puedan tener acceso a la atención preventiva y de emergencia que brindamos. Es una meta que nos compete a todos para proteger la salud y bienestar de quienes practican deportes en la isla.

Me Doblé el Tobillo: ¿Qué hago?

¿Por qué debe leer esta guía?

El objetivo de esta guía es proporcionar información práctica y orientación básica sobre el manejo de los <u>esguinces laterales de tobillo</u> (ELT) grado 1. El ELT es una lesión muy frecuente en el deporte y solo la mitad de las personas buscan asistencia médica (Vuurberg et. at. 2018). Esta guía está dirigida a atletas, entrenadores, y padres o cualquier persona que experimente una lesión de tobillo. Además, ayudar a disminuir las incidencias de <u>inestabilidad crónica del tobillo</u> (Chronic Ankle Instability, CAI por sus siglas en inglés) en la población.

IMPORTANTE, quiero mencionar que adolescentes (menores de 18 años) que se doblen el tobillo <u>tienen</u> que visitar un médico especialista para determinar si hay daño/lesión a las placas de crecimiento.

En esta guía se presentan datos relevantes sobre la anatomía del tobillo, el mecanismo de lesión, los ligamentos afectados y la clasificación de estas lesiones. Además, se ofrecen recomendaciones específicas para el manejo inmediato de **esguinces lateral del tobillo grado 1,** desde la incidencia hasta buscar evaluación médica.

Me Doblé el Tobillo: ¿Qué hago?

Con información accesible y consejos prácticos, se busca empoderar a lectores sin experiencia en el manejo de lesiones para que puedan manejar adecuadamente estas lesiones comunes cuando ocurren en entrenamientos, competencias o en la vida cotidiana.

Me Doblé el Tobillo: ¿Qué hago?

Terminología

Ligamento – tejido que une a hueso con hueso y estabilizan o sujetan los huesos en su lugar de origen.

Tendón – tejido que une a hueso con músculo y ayuda al movimiento de las articulaciones.

Esguince – estiramiento (lesión) al ligamento.

Desgarre – rotura parcial de fibras de tendón o al tejido muscular.

Dislocación – cuando la articulación se sale de su lugar anatómico normal.

Lesión aguda – lesión que ocurre en el momento, por ejemplo, esguince de tobillo, fracturas, golpes, entre otras.

Lesión crónica – lesión que ocurre con el tiempo, la evolución de la lesión es lenta como, por ejemplo, inflamación de tendones (tendinitis), inflamación de bursas (bursitis).

Fracturas – rotura del tejido óseo (hueso), hay varias formas en que se clasifican las fracturas.

Propiocepción: la habilidad de percibir la posición del cuerpo independiente de la visión (Anderson et. al. 2009).

Me Doblé el Tobillo: ¿Qué hago?

¿Qué son lesiones de tobillo?

Un <u>esguince lateral de tobillo</u> (ELT) es una de las lesiones más comunes en el ámbito deportivo y ocurre cuando los ligamentos que sostienen (protegen) el tobillo se estira (Hertel & Corbett, 2019; Delahunt & Remus, 2019). El 25% de todas las lesiones deportivas ocurren en el tobillo, se estima que millones de personas sufren de esguinces de tobillo cada año a nivel mundial. En los EE.UU ocurren aproximadamente sobre 24,000 esguinces de tobillo diariamente impactando la economía en casi 2 mil millones de dólares (IAinstitute, 2023). Además, Doherty et al (2019) y Delahunt & Remus (2019) indican que el 40% de las personas que tienen un esguince lateral de tobillo van a desarrollar <u>inestabilidad crónica en el tobillo</u> (Chronic Ankle Instability, CAI por sus siglas en inglés).

El CAI se diagnostica cuando una persona ha tenido inflamación y esguinces recurrentes en los próximos 12 meses luego del ELT, y ausencias al trabajo y/o a la práctica deportiva (Vuurberg et. al. 2018). Por lo tanto, si ustedes han tenido un esguince de tobillo hay una alta posibilidad que van a tener recurrencias de esguinces de tobillo en el futuro y pueden desarrollar CAI u osteoartritis en el tobillo en el futuro (Doherty et al.; Delahunt & Remus, 2019).

Me Doblé el Tobillo: ¿Qué hago?

Clasificación de lesiones musculo esqueletales y ligamentosas

Las lesiones musculo esqueléticas y ligamentosas se clasifican según el daño que les ocurre a los tejidos afectados (músculos, tendones o ligamentos); Grado I, Grado II y Grado III (Figura 1). Los esguinces con clasificación **Grado I** son leves y se pueden recuperar en varios días. Por otro lado, la lesión clasificada como **Grado III** son graves pueden requerir un periodo de recuperación prolongado o cirugía para reparar el ligamento afectado en el tobillo. A continuación, se indica como se puede diferenciar los grados en el caso de esguinces lateral del tobillo:

- **Grado I**: El ligamento se estira ligeramente, inflación leve en el área afectada y tiene buen movimiento de la articulación, dolor leve, puede poner peso corporal en la articulación, (**el dolor depende del nivel de tolerancia de cada persona**).
- **Grado II**: El ligamento se estira parcial y usualmente rompe algunas fibras, hay más inflamación en el área afectada y hay menos movimiento de la articulación, dolor moderado, aumenta el dolor al poner peso corporal en la articulación. La persona va a necesitar asistencia para poder caminar.

- **Grado III**: Se produce una ruptura total del ligamento, hay mucho dolor, hay mucha inflamación, no puede poner peso en la articulación. Puede que se vea una deformidad o dislocación en la articulación. Esta lesión puede tratarse conservadoramente o con cirugía y depende de muchas variables como la edad, deporte que practica, ligamento afectado, y metas del paciente. Lo recomendado es visitar el medico especialista (ortopeda) y seguir sus recomendaciones.

Figura 1: Clasificación de esguinces de tobillo

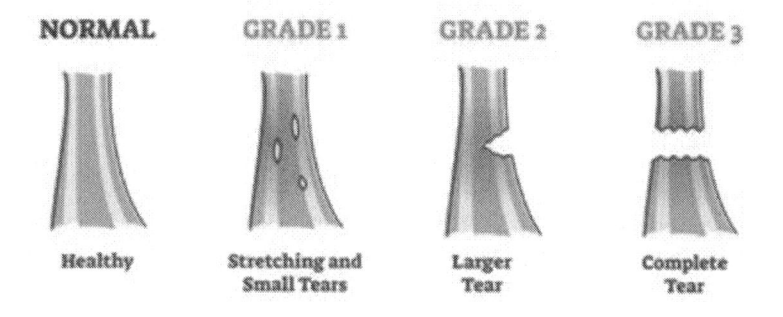

NORMAL	GRADE 1	GRADE 2	GRADE 3
Healthy	Stretching and Small Tears	Larger Tear	Complete Tear

También ocurren en muchas ocasiones fracturas en los huesos del pie y tobillo. Las fracturas se clasifican según en la forma que ocurren, por ejemplo, fractura linear, transversal u oblicuo de los huesos afectados. (Figura 2)

Figura 2. Clasificación de Fracturas
www.clinicajaimecatarroja.com

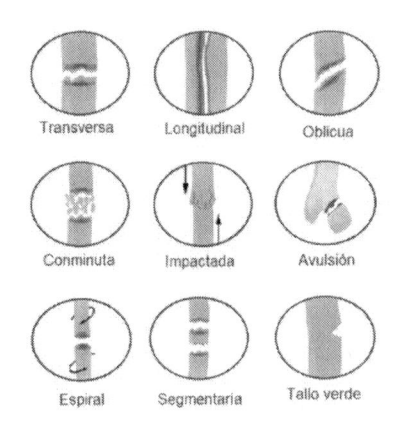

Anatomía del tobillo

Es importante poder conocer la anatomía del tobillo para poder identificar posibles lesiones. En la Figura 3 pueden ver la anatomía del pie y tobillo para repasar la anatomía. La estructura ósea del pie y tobillo se compone de Tibia, Fíbula (peroné), talo (astrágalo), tarsos (cuniforme, cuboides) metatarsos y falanges (dedos del pie), y calcáneo (talón). En la Figura 3 pueden ver los ligamentos del pie y tobillo. Los ligamentos que se lesionan frecuentemente en un esguince lateral del tobillo son Ligamento Talo Fibular Anterior (LTFA) y Ligamento Calcáneo Fibular (LCF) (Figura 3).

Figura 3. Anatomía del pie y tobillo

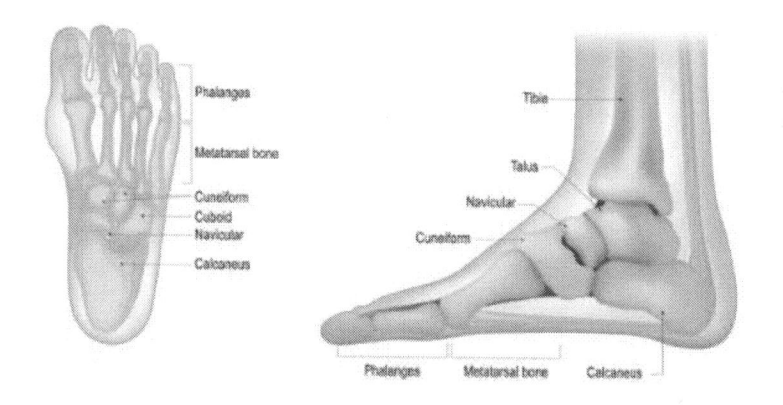

Figura 4. Ligamentos laterales y mediales del pie y tobillo

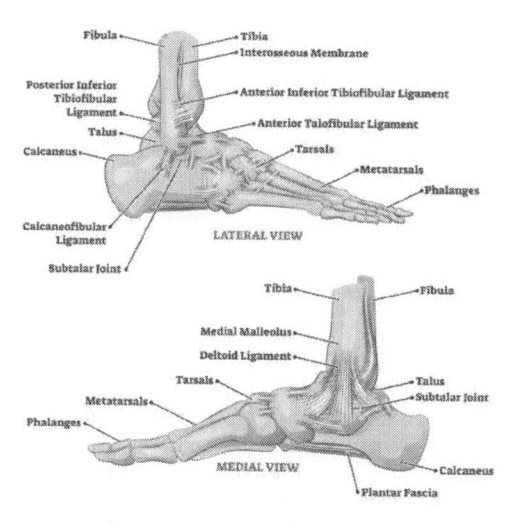

Me Doblé el Tobillo: ¿Qué hago?

Mecanismo de lesión del esguince de tobillo

El pie y tobillo tiene cuatro (4) movimientos principales: flexión plantar, flexión dorsal, inversión, y eversión (Fig. 4). Además, tiene dos (2) movimientos compuestos: abducción o pronación (flexión dorsal y eversión) y aducción o supinación (flexión plantar e inversión) (Fig. 5).

Figura 5. Movimientos del tobillo

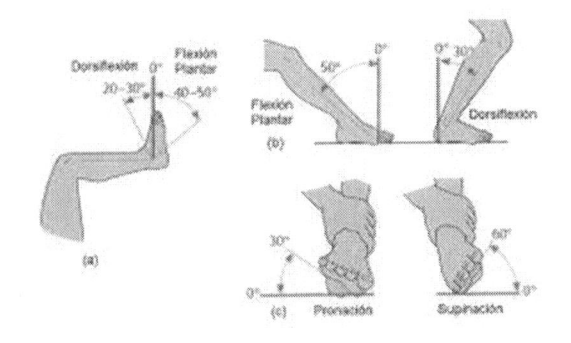

Figura 6. Movimientos del tobillo

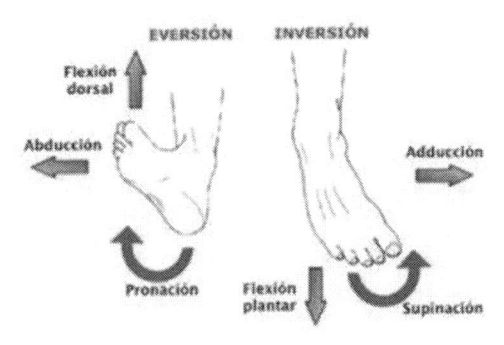

Me Doblé el Tobillo: ¿Qué hago?

Movimientos y Arco de movimiento normal del pie, tobillo

Flexión plantar - 50°

Flexión dorsal - 20°

Supinación – 45 - 60°

Pronación – 15 - 30°

Extensión dedos - 40°,0°,30°

Flexión dedos - 40°,35°,60°

Flexión de Hallux - 45°,90° (dedo gordo del pie)

Extensión de Hallux - 70°, 0° (dedo gordo del pie)

Esguince Lateral del Tobillo

Como se mencionó en la introducción, el esguince lateral del tobillo es una de las lesiones comunes en el deporte. Por lo tanto, si eres atleta o eres padre/madre de atleta hay un 25% de probabilidad de experimentar una lesión en el tobillo durante la vida deportiva. A continuación, les indico los mecanismos comunes, síntomas comunes, como se clasifican los esguinces, tratamiento inicial y mis recomendaciones de manejo inicial.

Me Doblé el Tobillo: ¿Qué hago?

Mecanismo de lesión de esguince de tobillo

Los siguientes son los mecanismos comunes de un esguince de tobillo.

a. Inversión o supinación del tobillo – cuando el pie gira hacia adentro del cuerpo esto provoca estiramiento del ligamento talo-fibular anterior y calcáneo fibular (Figura 6). Este tipo de mecanismo es el más común y es causado regularmente por pisar a otro atleta, pisar una bola o equipo en el piso, o desniveles u hoyos en el terreno de juego, cancha, o acera en la calle. Además, estas lesiones pueden ocurrir por debilidad de los músculos del pie y tobillo o uso de tenis no apropiado para la actividad física que se practica o calzado no apropiado para actividades del diario vivir.

Figura 7. Inversión Tobillo

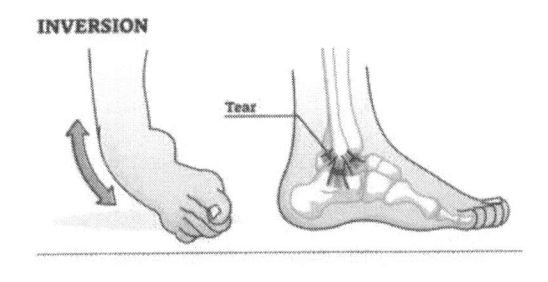

b. <u>Inversión y flexión plantar</u> - cuando el pie gira hacia adentro del cuerpo y se incluye la flexión plantar esto provoca estiramiento del ligamento talo-fibular anterior y calcáneo fibular (Figura 6). Este tipo de mecanismo también es común en los esguinces de tobillo. Además, estas lesiones pueden ocurrir a la persona no estar mirando por dónde camina, al pisar a otra persona o desnivel en el camino.

c. <u>Eversión o pronación de tobillo</u> – este mecanismo es menos común que la inversión y flexión plantar de tobillo (Fig 7). Lesiones por eversión provoca un estiramiento de los ligamentos deltoides del tobillo (Fig 3) (área medial del tobillo) se lesionen y frecuentemente se complican con una fractura.

Figura 8: Mecanismos de esguinces de tobillo

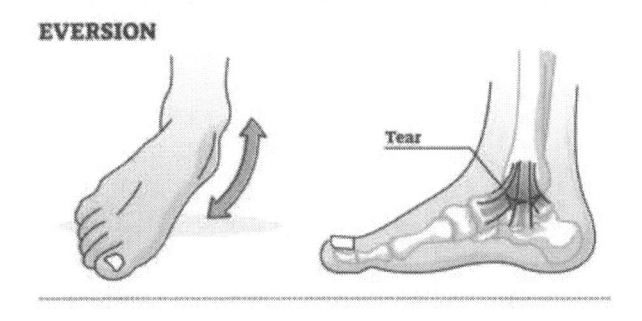

Me Doblé el Tobillo: ¿Qué hago?

Otras lesiones que pueden ocurrir en el tobillo son:

- Desgarre del tendón de Aquiles
- Fractura de la cabeza del 5to metatarso (parte lateral del pie)
- Desgarre/inflamación de la fascia plantar
- Neuroma de Morton's
- Esguince de sindesmosis tibio fibular (high ankle sprain)
- Fracturas en pie y tobillo

Signos y síntomas de esguince lateral del tobillo

- Dolor intenso e hinchazón en el tobillo.
- Imposibilidad de caminar o soportar peso en el pie afectado.
- Deformidad o inestabilidad evidente en el tobillo.
- Incapacidad para mover el tobillo o poner peso corporal en el tobillo lesionado.

Clasificación de esguinces lateral de tobillo

Según la gravedad de la lesión, los esguinces de tobillo se clasifican en (Figura 1):

- **Grado I**: El ligamento se estira ligeramente, inflación leve en el área afectada y tiene buen movimiento de la articulación, dolor leve, puede poner peso corporal en la articulación, (**el dolor depende del nivel de tolerancia de cada persona**).
- **Grado II**: El ligamento se estira parcial y usualmente rompe algunas fibras, hay más inflamación en el área afectada y hay menos movimiento de la articulación, dolor moderado, aumenta el dolor al poner peso corporal en la articulación. La persona va a necesitar asistencia para poder caminar.
- **Grado III**: Se produce una ruptura total del ligamento, hay mucho dolor, hay mucha inflamación, no puede poner peso en la articulación. Puede que se pueda ver una deformidad o dislocación en la articulación. Esta lesión puede tratarse conservadoramente o con cirugía, importante visitar al médico ortopeda de su preferencia para evaluación y tratamiento recomendado.

Tabla 1. Clasificación y síntomas de lesiones músculoesqueletales.

	*Grado 1	*Grado 2	*Grado 3
Dolor	Leve e inmediato (atleta se mueve voluntariamente)	Moderado e inmediato (atleta se mueve voluntariamente, pero con expresiones de dolor y preocupación)	Tardío (atleta no se mueve voluntariamente)
Apoyo de la articulación	Posible apoyar peso corporal y dolor leve	Posible y dolor moderado Puede necesitar usar apoyo externo como andador o muletas para poder caminar	Imposible, dolor intenso (llamar 9-1-1 o inmovilizar área afectada antes de mover) Deformación de la articulación obvia en ocasiones
Edema	Poco o nada	Aparece en las primeras horas luego de la lesión	Inmediato
Hematoma	Poco o nada	Aparece luego de unas horas de la lesión	Inmediato
Estabilidad de la articulación	Buena estabilidad	Poco a moderada	Articulación inestable Atleta prefiere no tratar de caminar
**Rotura del ligamento (ver Fig. 1)	Leve estiramiento de fibras	Estiramiento de fibras moderada	Rotura parcial o completa del ligamento. Puede afectar otros tejidos.
prognosis	– 7 días	4 a 8 semanas	9 – 12 meses

*Requiere evaluación médica;   **Depende de la fuerza mecánica que causo la lesión

Me Doblé el Tobillo: ¿Qué hago?

Recomendaciones para tratamiento inmediato en una lesión aguda.

Existen diferentes protocolos recomendados para el manejo agudo de lesiones como esguinces y desgarres, entre ellos (según sus siglas en inglés):

RICE - Rest, Ice, Compression and Elevation

PRICE - Prevention, Rest, Ice, Compression and Elevation

PEACE AND LOVE - Protect, Elevate, Avoid anti-inflammatories, Compression, Educate and Load, Optimism, Vascularization and Exercise

POLICE (protection, Optimal Load, Ice, Compression, and Elevation)

**IMPORTANTE, si hay inflamación, alguna deformidad, descoloración de la piel (azul, morado), dolor severo, e inhabilidad de apoyo corporal en el tobillo deben llamar al 9-1-1 para inmovilizar el tobillo y transportar a la sala de emergencias lo antes posible.

El objetivo de todos estos métodos es aliviar y proteger el tejido lesionado en la fase aguda, facilitando la recuperación. Pero la evidencia en la literatura no es clara sobre el beneficio de estos métodos para ELT (Vuurberg et. al. 2018; Kaminski, 2013). En mis años de experiencia, les puedo decir que he usado frecuentemente el método de RICE y PRICE con mucho éxito entre mis atletas. En ocasiones he utilizado el calor-ejercicio-hielo en etapas agudas y he tenido tremendos resultados para bajar inflamación y dolor. El método de calor-ejercicio-hielo **SOLO** lo he llevado a cabo cuando puedo supervisar a los atletas por varios días seguido, por ejemplo, en acuartelamientos de los equipos nacionales o en viajes deportivos.

Es importante y les recomiendo consultar a un profesional de la salud de su confianza sobre el protocolo más adecuado según el tipo y gravedad de la lesión. Si el atleta está experimentando inflamación severa, deformidad articular, descoloración de la piel y/o dolor intenso, se debe inmovilizar la articulación afectada y acudir a sala de emergencias de inmediato (ver Anejo A). Con el protocolo correcto, se facilita la curación y se puede regresar a la práctica del deporte de forma segura y rápida. Lo más importante es seguir las recomendaciones médicas y no automedicarse sin supervisión profesional.

Uso del hielo y el calor:

El hielo y el calor son dos modalidades comúnmente utilizadas en el tratamiento de lesiones deportivas y en muchas ocasiones usadas incorrectamente. A continuación, se explican sus diferencias y usos recomendados:

Tabla 2: Efectos del uso del hielo y calor en lesiones atléticas.

	Efecto en venas y arterias	Uso para dolor	Recomendaciones	Uso recomendado
*Hielo	Vaso constricción Disminuye el flujo sanguíneo al área afectada	Reduce el dolor Analgésico	Primeras 72 horas de la lesión (no usar calor en esta etapa) Luego de hacer ejercicio	15-20 minutos en el área afectada, repetir cada 2-3 horas en la fase aguda. Usar protector entre la piel y el hielo para evitar quemaduras
*Calor	Vaso dilatación - Aumenta el flujo sanguíneo al área afectada	Reduce el dolor Mejora elasticidad del tejido Alivia espasmos	Luego de las 72 horas de la lesión 10-15 min antes de hacer ejercicio	15-20 minutos Usar protector entre la piel y el calor para evitar quemaduras

*consultar con su profesional de la salud de su confianza debido a que hay personas que soy alérgicas al frio

5 pasos para manejar la lesión aguda

A continuación, se presentan recomendaciones para el manejo inicial de esguinces lateral de tobillo grado 1. Esta es una lesión frecuente en deportes como baloncesto, voleibol, fútbol, o tenis. El mecanismo de lesión comúnmente es una inversión y flexión plantar forzada del tobillo al pisar mal, pisar sobre otro pie o balón o pisar sobre terreno irregular, según se explicó anteriormente. Los ligamentos afectados regularmente suelen ser el talo-fibular anterior y el calcáneo-fibular (ver Fig. 3)

Una vez confirmado el esguince lateral del tobillo grado 1, se pueden seguir las siguientes recomendaciones para el manejo conservador inicial, bajo supervisión de un profesional de la salud de su confianza:

Pasos para manejar la lesión:

1. **Historial:** Determinar el mecanismo de lesión (inversión o eversión), conocer si es el primer esguince de tobillo.
    a. Si el atleta indica que el tobillo se movió hacia a fuera (inversión) entonces es un esguince lateral del tobillo.

Me Doblé el Tobillo: ¿Qué hago?

    b. Si el atleta indica que el tobillo se movió hacia dentro (eversión) entonces es un esguince medial del tobillo.

    c. Si el atleta indica es el primer esguince de tobillo que experimenta debe causar mucho dolor debido a que los ligamentos se estiran por primera vez.

2. **Observación**: Verificar que el tobillo no tenga una deformidad obvia (verificar que la estructura anatómica compare con la articulación no afectada).

<u>SI TIENE</u> deformidad obvia y NO puede PONER PESO corporal en el tobillo llamar al 9-1-1 y esperar que llegue emergencias médicas para movilización (ver Anejo A) y transporte a un hospital o sala de emergencia cercano.

<u>NO TIENE</u> deformidad obvia y la persona puede moverse y PUEDE PONER PESO corporal en el tobillo con poco o nada de dolor –

1. Transportar a un lugar seguro para continuar la evaluación y tratamiento inicial.
2. Poner hielo por 15-20 minutos (poner una toalla o papel entre el hielo en la piel para evitar

quemar la piel con el hielo). Puedes repetir este procedimiento cada 2 horas.

3. **Vendaje**: Poner vendaje de compresión (ace bandage) de 3" ó 4" preferiblemente (depende del tamaño del tobillo) (Imagen 1).

   Importante, al poner el vendaje de compresión TIENES que comenzar desde la parte distal de la articulación (en los dedos) poniendo más presión en esa área y entrelazar el vendaje con menos presión al final de este (debes finalizar a mitad del gastrocnemio (la batata) (Imagen 2). El vendaje **NO** debe dejar áreas sin cubrir. La imagen 3 es un ejemplo de cómo **NO** hacer el vendaje de compresión.

Imagen 1: bandas elásticas

Imagen 2: aplicación correcta

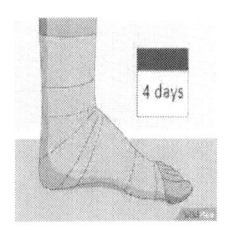

Me Doblé el Tobillo: ¿Qué hago?

Imagen 3: aplicación incorrecta: espacio sin cubrir

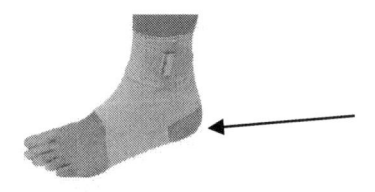

Utilizar el vendaje elástico es importante porque causa un efecto de movimiento continuo de flujo sanguíneo y no deja que la inflamación al tobillo se acumule y retrase el periodo de recuperación. Además, es importante NO dejar espacios de la articulación sin cubrir (Imagen 3). Si los dedos del pie se inflaman y se duermen TIENEN que eliminar el vendaje elástico y volver a aplicarlo correctamente. Puede ver video de cómo colocar el vendaje de tobillo en Ginorio-Martinez (2020) :
https://www.youtube.com/channel/UC0nasbxuMuI9qWjFfzM_5XA

Si no tienes banda elástica en el momento de la lesión, te recomiendo que dejes la media puesta en el tobillo para que ayude a la compresión del área afectada hasta llegar a su hogar o sala de emergencia.

Me Doblé el Tobillo: ¿Qué hago?

a. Si no puedes remover la media porque está bien ajustada les recomiendo que corten la media con una tijera de uso médico con mucho cuidado para no cortar la piel.
b. Colocar una herradura de caballo alrededor del maléolo lateral. (Imagen 4). Esto va a causar que no se acumule inflamación en esta área del maléolo lateral y ayuda al movimiento de la articulación y al tiempo de recuperación.
c. Si no tienes una herradura en el momento puedes preparar una para colocar recomendablemente en las primeras 72 horas de la lesión.

Imagen 4

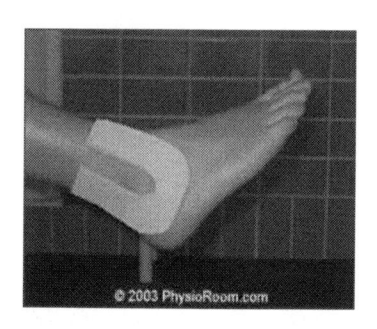

Me Doblé el Tobillo: ¿Qué hago?

4. **Elevación**: Elevar la articulación por encima del nivel del corazón para ayudar a disminuir la inflamación que va al área afectada usando la gravedad.
   a. Algo que me ha funcionado con mis atletas, siempre les recomiendo que al dormir en su casa u hotel colocar libros o algún equipo debajo del colchón (mattress) donde están los pies para elevar la articulación del tobillo 2 a 3" y de esta manera ayudar a disminuir la inflamación al área afectada usando gravedad y es mucho más cómodo que poner una almohada debajo de los pies durante la noche.

5. **Hielo:** Colocar hielo por 15 minutos protegiendo la piel de quemaduras cubriendo el área afectada con una toalla, papel, pre tape, o vendaje.

Me Doblé el Tobillo: ¿Qué hago?

Manejo de lesión lateral de tobillo grado 1

A continuación, se incluye recomendaciones para manejar una lesión lateral de tobillo grado 1. Lesiones de esguince de tobillo clasificadas como grado 2 ó 3 debe consultar con un profesional de la salud de su confianza.

IMPORTANTE: Recomendación general, <u>si no puede dar **cuatro (4) pasos usando su peso corporal por el dolor, debe ir a emergencias y consultar con un profesional de la salud de su confianza.</u>

Días 1 al 3 (primeros tres días)

Cuidados en el hogar

1. **Hielo** por 15- 20 minutos (usar toalla o papel para proteger la piel) y puedes repetir cada 2 horas (Imagen 5)

Imagen 5

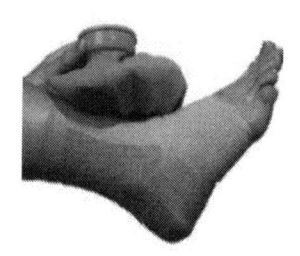

2.   **Vendaje de compresión** (ace bandage) de 3" ó 4" preferiblemente (depende del tamaño del tobillo). Importante, al poner el vendaje de compresión TIENES que comenzar desde la parte distal de la articulación (en los dedos) poniendo más presión en esa área y entrelazar el vendaje con menos presión al final de este (debes finalizar a mitad del gastrocnemio (la batata) (Imagen 2). El vendaje NO debe dejar áreas sin cubrir (Imagen 3).

Esto es importante porque causa un efecto de movimiento continuo de flujo sanguíneo y no deja que la inflamación al tobillo se acumule y retrase el periodo de recuperación. Además, es importante NO dejar espacios de la articulación sin cubrir (Imagen 3). Una alternativa puede ser utilizar medias de compresión. Puede ver video de cómo colocar el vendaje de tobillo en Ginorio-Martinez (2020) : https://www.youtube.com/channel/UC0nasbxuMul9qWjFfzM_5XA

3.   **Elevar** a la articulación por encima del nivel del corazón para ayudar a disminuir la inflamación que va al área afectada usando la gravedad (ver imagen 6). Debe estar por encima del nivel del corazón. También pueden colocar libros debajo del colchón (mattress) donde están los pies para elevar los pies es más cómodo que usar almohadas.

Me Doblé el Tobillo: ¿Qué hago?

Imagen 6

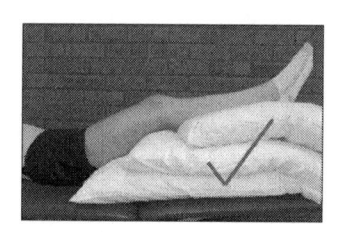

4. Uso de soporte: Considera el uso de vendajes funcionales, soportes de tobillo o calzado con buena sujeción para brindar soporte adicional, andadores o muletas según les beneficie mejor. Deben consultar con un profesional de la salud para obtener recomendaciones específicas para su caso.

EVITAR en los primeros 3 días luego de la lesión:

1. NO poner **calor** en el área afectada hasta tanto no termine el proceso de curación (72 horas luego de la lesión aproximadamente), esto aumenta el flujo sanguíneo al área afectada y aumenta la inflamación.
2. NO dar **masajes** en el área afectada, esto aumenta el flujo sanguíneo al área afectada y aumenta la inflamación.
3. NO estar **parado** por mucho tiempo, tratar de elevar el pie por el más tiempo posible para disminuir la inflamación al área afectada usando el efecto de la gravedad.

Me Doblé el Tobillo: ¿Qué hago?

Días 4 al 7

Para el cuarto día después de la lesión, es probable que se presente diferentes colores en el área afectada (equimosis), e inflamación alrededor del tobillo. Sin embargo, no debe haber hinchazón significativa en la parte distal del pie y dedos. Además, el dolor al apoyar peso debe estar disminuyendo, lo cual es una buena señal. **De lo contrario, debes visitar a un profesional de la salud de su confianza.**

1. **Tratamiento de contraste con calor y frio** – se puede alternar la aplicación localizada de calor y frío en el tobillo lesionado. Esta terapia de bombeo vasomotor ayuda a mejorar la circulación sanguínea y reducir la inflamación, mediante la dilatación y contracción alternada de los vasos sanguíneos. Es importante consultar con un profesional de la salud, en especial en personas con alergias al frio o condiciones médicas preexistentes. Deben seguir las debidas precauciones de temperatura para evitar complicaciones.
    a. Sumerja el tobillo en un recipiente con agua caliente a una temperatura aproximada de 100-102°F (37-38°C) durante 2 minutos

b. Luego pase a un recipiente con agua fría a una temperatura aproximada de 57-59°F (14-15°C) durante 1 minuto.
   c. Repita este ciclo de 2 minutos en calor y 1 minuto en frío durante 15 minutos totales (4-5 ciclos).
   d. Termine siempre con inmersión en agua fría.

Precauciones

- Asegurarse la temperatura del agua sea agradable y no cause quemaduras en la piel.
- Recomiendo protegerse las falanges (dedos de los pies) para protegerlos de las temperaturas.

2. Ejercicios

Si ya puede apoyar peso sobre el tobillo lesionado, puede comenzar con ejercicios de equilibrio y propiocepción usando soportes como muletas, andadores o sillas (Imagen 7; Apéndice C). Esto permite ir incrementando progresivamente la carga sobre la extremidad afectada.

   a. Inicialmente utilice los soportes para disminuir el dolor y el peso corporal sobre el tobillo.

b. Conforme vaya tolerando más peso, vaya reduciendo gradualmente el uso de soportes hasta eliminarlos por completo (esto puedo tomar varios días en lograr).

Imagen 7

Tipos de ejercicios

- <u>Ejercicios de movilidad articular</u>: Trabajar todo el rango de movimiento del tobillo y dedos de los pies (si es tolerable), realizando flexión dorsal, plantar, inversión y eversión suaves.

- <u>Ejercicios de equilibrio y propiocepción:</u> Ayudan a recuperar gradualmente la fuerza, el equilibrio, la resistencia y a disminuir la inflamación en el tobillo lesionado. (Imágenes 7, 8, 9; Apéndice C).

Imagen 8

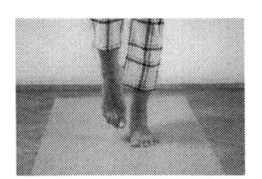

Imagen 9

Me Doblé el Tobillo: ¿Qué hago?

Dato importante al hacer ejercicios

- **Hielo**: al finalizar los ejercicios siempre debe colocar bolsa de hielo y elevar el tobillo para disminuir la inflamación y el dolor (siga las instrucciones explicadas anteriormente).
- **Calor**: puedo utilizar calor 10-15 minutos antes de comenzar los ejercicios para aumentar la circulación sanguínea al área afectada y mejorar la elasticidad de tejido muscular.

3. Vendaje de compresión: puede utilizar un vendaje, soporte de tobillo (tobillera), media de compresión o calzado con buen soporte durante la sección de ejercicios para ayudar en la estabilidad. Puede ver video de cómo colocar el vendaje de tobillo en Ginorio-Martinez (2020) :

https://www.youtube.com/channel/UC0nasbxuMul9qWjFfzM_5XA

Día 7 en adelante

Luego de una semana debe tener mejor movilidad, menos dolor, menos inflamación, y poner peso corporal en el tobillo sin uso de asistencia. **De lo contrario, debes visitar a un profesional de la salud de su confianza. En esta etapa de la lesión puede comenzar a realizar ejercicios poco a poco para comenzar a** trabajar con resistencia muscular, balance y coordinación, y fuerza muscular para disminuir el riesgo de lesiones similares en el futuro.

1. Ejercicios – antes de comenzar a realizar los ejercicios les recomiendo colocar un poco de crema de calor (de su preferencia) en el área afecta y realizar ejercicios de movilidad. Esto va a aumentar el flujo sanguíneo al área afectada y mejorar la movilidad articular. Los ejercicios NO deben provocar dolor en el tobillo.

Tipos de ejercicios

- <u>Ejercicios de Balance y propiocepción</u>
    - Balance en un solo pie – Alternar los pies (Imagen 7, 8 y 9)
    - 5 segundos cada pie x 10 repeticiones
    - Aumentar el tiempo progresivamente

- <u>Arco de movimiento</u> – escribir letras del abecedario moviendo el tobillo, aumentando el arco de movimiento poco a poco sin dolor.

- <u>Resistencia</u> – estos ejercicios NO deben provocar dolor, si hay dolor detenga el ejercicio (ver imagen 11 y 12; Apéndice C).

Me Doblé el Tobillo: ¿Qué hago?

- Usar peso corporal para pararse en la punta de los pies (flexión plantar) con ambos pies usando una bola de tenis entre los pies (Imagen 11).
- Repita 5 veces y descanse.
- Aumentar las repeticiones progresivamente.
- Flexión de los dedos del pie (falanges) moviendo una toalla con los dedos (Imagen 12; Apéndice C).
- Resistencia muscular: usar banda elástica (Imagen 13; Apéndice C).
- Usar banda elástica de poca resistencia en todo el arco de movimiento de la articulación (flexión plantar, flexión dorsal, inversión, eversión).

Imagen 11

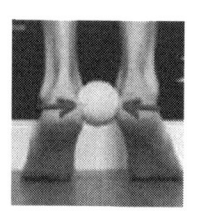

Imagen 12

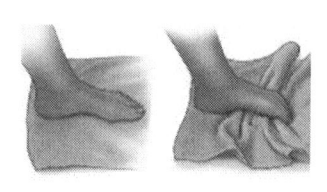

Imagen 13

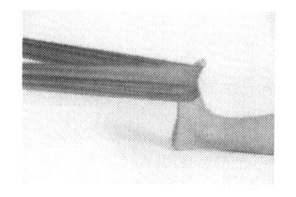

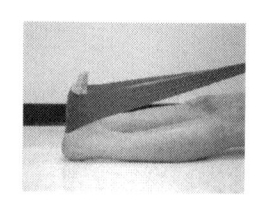

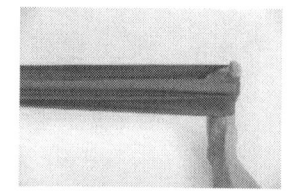

Me Doblé el Tobillo: ¿Qué hago?

Dato importante luego de terminar con los ejercicios

- **Hielo** – luego de realizar los ejercicios debe poner hielo por 15- a 20 minutos (protegiendo la piel)
- **Vendaje de protección** - usar tobillera o vendaje de protección durante las secciones de ejercicios para mejorar la estabilidad de la articulación y prevenir lesiones. También pueden utilizar tobilleras o vendaje de protección durante las actividades del diario vivir.

8 recomendaciones para regreso a la práctica deportiva

Tras superar un esguince de tobillo grado I y sentirte preparado para retomar la actividad deportiva (ya han pasado de 7 a 14 días de la lesión), es clave reincorporarte poco a poco a la práctica del deporte y con precaución para prevenir recaídas y nuevas lesiones. Lo ideal es consultar antes con un profesional de la salud de su confianza para verificar que ya puedes volver a hacer deporte sin riesgos. A continuación, algunas sugerencias para regresar a la práctica del deporte de manera segura luego de esguince de tobillo grado 1:

1. **Evaluación médica**: Antes de regresar al deporte, es recomendable obtener la aprobación de un profesional de la salud, especializado en lesiones deportivas. Ellos evaluarán el estado de tu tobillo y te brindarán pautas específicas para el regreso gradual al deporte.
2. **Rehabilitación completa**: Asegúrate de completar adecuadamente tu programa de rehabilitación. Esto ayudará a fortalecer los músculos del tobillo, mejorar el balance, estabilidad y restaurar el rango de movimiento y la función normal del tobillo. Se incluyen algunos ejemplos de ejercicios en el Apéndice C.

3. **Regreso gradual**: Comienza por realizar ejercicios de baja intensidad y carga que no pongan demasiada presión en el tobillo, con poco o nada de dolor al realizar la actividad física. Luego, gradualmente, aumenta la intensidad y el nivel de actividad a medida que te sientas más cómodo y tu tobillo se fortalezca.

4. **Prevención de lesiones**: Uso de vendaje deportivo o equipo protectivo para prevenir lesiones. Puede ver video de cómo colocar el vendaje de tobillo en Ginorio-Martinez (2020) :

https://www.youtube.com/channel/UC0nasbxuMuI9qWjFfzM_5XA

5. **Entrenamiento específico**: Incorpora ejercicios de fortalecimiento y estabilidad específicos al deporte que prácticas para el tobillo en tu rutina de entrenamiento. Esto ayudará a fortalecer los músculos del tobillo, mejorando la resistencia a futuras lesiones. Se recomienda haber ganado la fuerza muscular hasta un 90% del máximo antes de regresar al deporte.

6. **Trabajo de balance y equilibrio**: Incluye ejercicios de equilibrio y propiocepción en tu programa de entrenamiento. Estos ejercicios ayudarán a mejorar la estabilidad y la coordinación del tobillo, reduciendo el riesgo de torceduras y esguinces. Te recomiendo que todos los días realices ejercicios de balance y equilibrio por lo menos de 5 a 7 minutos luego de terminar la práctica del deporte.

7. **Progresión gradual**: A medida que te sientas más confiado y sin dolor, aumenta gradualmente la duración e intensidad de tus entrenamientos. No te apresures y escucha a tu cuerpo, deteniéndote si sientes dolor, inflamación o molestias excesivas.

8. **Mantén la atención**: Presta atención a las señales de tu cuerpo y no ignores el dolor, inflamación, o la incomodidad persistente. Si experimentas síntomas inusuales o si la lesión empeora, busca atención médica nuevamente.

Referencias

Anderson, M.K., Parr, G. P., and Hall, S.J. (2009). *Foundations of Athletic Training, Prevention, Assessment, and Management*. Fourth Edition.

Chen ET, Borg-Stein J, McInnis KC. (2019). Ankle Sprains: Evaluation, Rehabilitation, and Prevention. *Current Sports Medicine Reports*. *18*(6):217-223. https://doi.org/10.1249/jsr.0000000000000603

Doherty C, Delahunt E, Caulfield B, Hertel J, Ryan J, Bleakley C. (2014). The incidence and prevalence of ankle sprain injury: a systematic review and meta-analysis of prospective epidemiological studies. *Sports Med.* *44*(1):123-140.

Ginorio Martínez, AM. (2020). Vendaje Atlético [video]. https://www.youtube.com/channel/UC0nasbxuMul9qWjFfzM_5XA

Hootman JM, Dick R, Agel J. (2007). Epidemiology of collegiate injuries for 15 sports: summary and recommendations for injury prevention initiatives. *J Athl Train.*;*42*(2):311-319.

Kinesio Taping Association. (2003). Kinesio taping perfect manual. https://www.amazon.com/-/es/KTBK2-Kinesio-Taping-Perfect-Manual/dp/B004FQGMAM

Millar Lynn A. (2011). ACSM Information on Ankle Sprain and Straing. ACSM's Consumer Information Committee. ACSM online at www.acsm.org.

Shah S, Thomas AC, Noone JM, Blanchette CM, Wikstrom EA. (2016). Incidence and Cost of Ankle Sprains in United States Emergency

Departments. *Sports Health.* Nov/Dec;8(6):547-552. doi: 10.1177/1941738116659639.

Thomas W. Kaminski, PhD, ATC, FNATA, FACSM; Jay Hertel, PhD, ATC, FNATA, FACSM; Ned Amendola, MD; Carrie L. Docherty, PhD, ATC, FNATA; Michael G. Dolan, MA, ATC; J. Ty Hopkins, PhD, ATC, FNATA; Eric Nussbaum, MEd, ATC; Wendy Poppy, MS, PT, ATC; Doug Richie, DPM. (2013). National Athletic Trainers' Association Position Statement: Conservative Management and Prevention of Ankle Sprains in Athletes. *Journal of Athletic Training 48* (4): 528–545. https://doi.org/10.4085/1062-6050-48.4.02

Vuurberg G, Hoorntje A, Wink LM, van der Doelen BFW, van den Bekerom MP, Dekker R, van Dijk CN, Krips R, Loogman MCM, Ridderikhof ML, Smithuis FF, Stufkens SAS, Verhagen EALM, de Bie RA, Kerkhoffs GMMJ. (2018). Diagnosis, treatment and prevention of ankle sprains: update of an evidence-based clinical guideline. *Brithish Journal Sports Medicine. 52*(15):956. https://doi:10.1136/bjsports-2017-098106

Apéndice A

Instrucciones de como inmovilizar una articulación según Cruz Roja Americana

En este apéndice se incluyen enlaces en PDF del manual de primeros auxilios, resucitación cardio-pulmonar (RCP) y desfibrilador externo automático (DEA). Además, se incluyen las recomendaciones de la Cruz Roja Americana sobre cómo hacer correctamente inmovilizaciones a articulaciones en diferentes formas.

Enlace de la Cruz Roja Americana:
https://www.redcross.org/content/dam/redcross/atg/PHSS_UX_Content/FA-CPR-AED-Spanish-Manual.pdf

Me Doblé el Tobillo: ¿Qué hago?

APLICACIÓN DE UNA TABLILLA ANATÓMICA

DESPUÉS DE REVISAR EL LUGAR Y A LA PERSONA LESIONADA, HAGA LO SIGUIENTE:

1 OBTENGA CONSENTIMIENTO

2 APOYE LA PARTE LESIONADA
Apoye tanto la parte que se encuentra sobre la lesión como la parte que se encuentra debajo de la lesión.

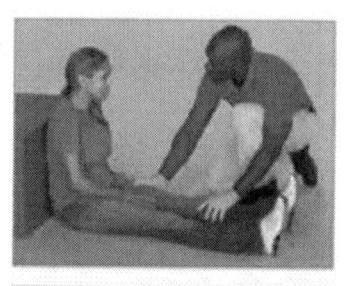

3 VERIFIQUE LA CIRCULACIÓN
Compruebe la sensación, la temperatura y el color alrededor de la lesión.

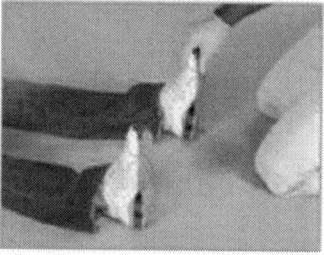

4 COLOQUE VENDAS
Coloque bastantes vendas triangulares dobladas sobre la parte del cuerpo lesionada y debajo de ella.

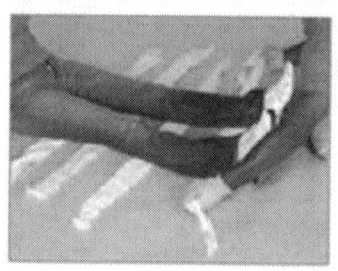

Me Doblé el Tobillo: ¿Qué hago?

HOJA DE TÉCNICAS

5. ALINEE LAS PARTES DEL CUERPO
Coloque la parte del cuerpo no lesionada al lado de la parte del cuerpo lesionada.

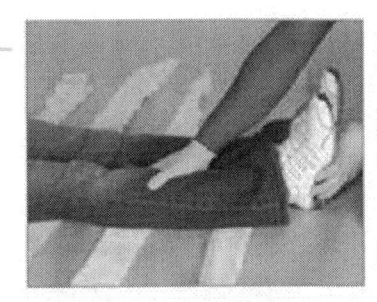

6. ATE LAS VENDAS DE FORMA SEGURA

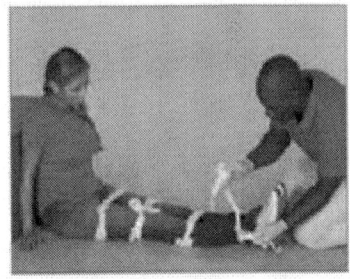

7. VUELVA A VERIFICAR LA CIRCULACIÓN
Vuelva a comprobar la sensación, la temperatura y el color.

CONSEJO: si no puede comprobar la temperatura y el color debido a que el área está cubierta por una media o un zapato, compruebe la sensación.

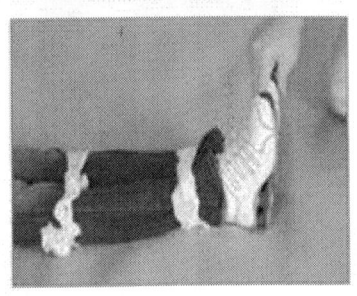

Apéndice B

En este apéndice se incluye los diferentes tipos de vendajes que se pueden utilizar para prevención de lesiones en el deporte.

Nombre: Pre-Vendaje "Pre-tape":

Tamaño: 2.5" de ancho.

- Se aplica directo a la piel para proteger la misma. Se aplica cubriendo completamente el área a vendar entrelazando a su ancho.
- Para mejor resultado se puede afeitar el área a vendar.

Me Doblé el Tobillo: ¿Qué hago?

Nombre: Venda adhesiva (no elástica)

Hay varias marcas en el mercado

Tamaño: .5", 1", 1.5", 2", 3" de ancho

- Un buen vendaje tiene 85 fibras longitudinales - sobre 65 fibras horizontales por pulgada cuadrada (Arnheim, 2016). Además, tiene buen pegamento para mejor adherencia y durabilidad durante la actividad física.
- Utilizado para prevenir movimientos no deseados ej. Inversión.
- Dar soporte a un material específico ej. Gazas, ace bandage.
- Asegurar tiras sueltas de vendaje.
- Se aplica sobre el "pre-tape" o directo a la piel si tiene el área afeitada, entrelazado a su ancho.
- **PRECAUCIÓN:** la venda mal colocada puede causar una herida abierta. NO recomendado para áreas de masa muscular.

Enlace para ver video de vendaje de tobillo
https://www.youtube.com/channel/UC0nasbxuMul9qWjFfzM_5XA

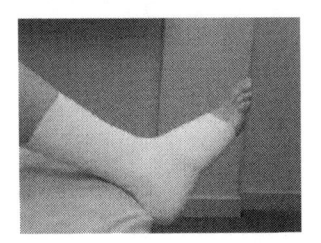

Nombre: vendaje elástico adhesivo

Tamaño: 1.5", 2", 3" de ancho

- Tiene buen pegamento y al ser elástico lo hace un material sumamente cómodo para el atleta y para su aplicación.
- Se aplica sobre el pre-vendaje entrelazándose a su ancho.
- Se adhiere muy bien al área anatómica.
- Se utiliza en áreas de masa muscular preferiblemente.
- Resiste muy bien el sudor o agua.
- Se usa en combinación con el vendaje adherente no elástico.
- Es liviano y fino.
- Ayudar a cerrar y aguantar otros tipos de vendas en su lugar, ej. ace bandage.
- .

Me Doblé el Tobillo: ¿Qué hago?

Nombre: vendaje auto adhesivo (COBAN)

Tamaño: 1.5", 2", 3" de ancho

- NO se pega a la piel, se pega a el mismo.
- Tiene buen pegamento y al ser elástico lo hace un material sumamente cómodo para el atleta y protege la piel.
- Se adhiere muy bien al área anatómica.
- Se utiliza en áreas de masa muscular preferiblemente.
- Resiste muy bien el sudor y agua.
- Es liviano y fino.

Nombre: Kinesiotape (Vendaje Neuromuscular)

Hay varias marcas en el mercado.

Tamaño: 1", 2", 2.5", 3"de ancho

- Vendaje utilizado clínicamente para reducir dolor, aumentar circulación, re-educación muscular.
- Varias formas de aplicación: I, Y, X y en forma de tenedor (abanico).
- Se puede utilizar por varios días para mejor beneficio, pero hay que secarlo luego bañarse y/o sudar.
- Hay varias formas de aplicarlo dependiendo de la sintomatología del paciente (área afectada debe estar en estiramiento completo o en relajación antes de poner el vendaje).

Referencia: Kinesio Taping Association. (2003). Kinesio taping perfect manual. https://www.amazon.com/-/es/KTBK2-Kinesio-Taping-Perfect-Manual/dp/B004FQGMAM

Apéndice C

En este apéndice se incluye infográficos de diferentes ejercicios de rehabilitación de tobillo que puedes utilizar.

IMPORTANTE:

1. Recuerda que al realizar estos ejercicios NO pueden causar dolor en la articulación.
2. Cada ejercicio puedes hacer 6 repeticiones y puedes repetirlo si no hay dolor.
3. Puedes aumentar las repeticiones gradualmente, sin dolor.
4. Si tienes dolor al realizar estos ejercicios debes visitar a tu médico de preferencia.

Hay muchos infográficos, libros y vídeos que pueden utilizar como guía para fortalezar los musculos de los pies y tobillo. Lo importante es que hagan sus investigaciones y consulten con su profesional en medician deportiva de su confianza. Adjunto le incluyo algunos que entiendo los pueden ayudar.

Estos infográficos fueron tomados de los siguientes enlaces en pinterest:

https://www.pinterest.com/pin/1829656086428665/

https://www.pinterest.com/pin/665899494918344112/

Me Doblé el Tobillo: ¿Qué hago?

Exercises to cure Ankle Sprain

- Resisted Ankle Inversion
- Resisted Ankle Eversion
- Towel Stretch
- Heel Raise
- Step-up
- Standing Calf Stretch
- Balance and Reach Exercise A
- Balance and Reach Exercise B
- Ankle active range of motion

Spinalogy Clinic
Neck, Back & Joints

Exercises to Keep Your Feet Strong & Healthy

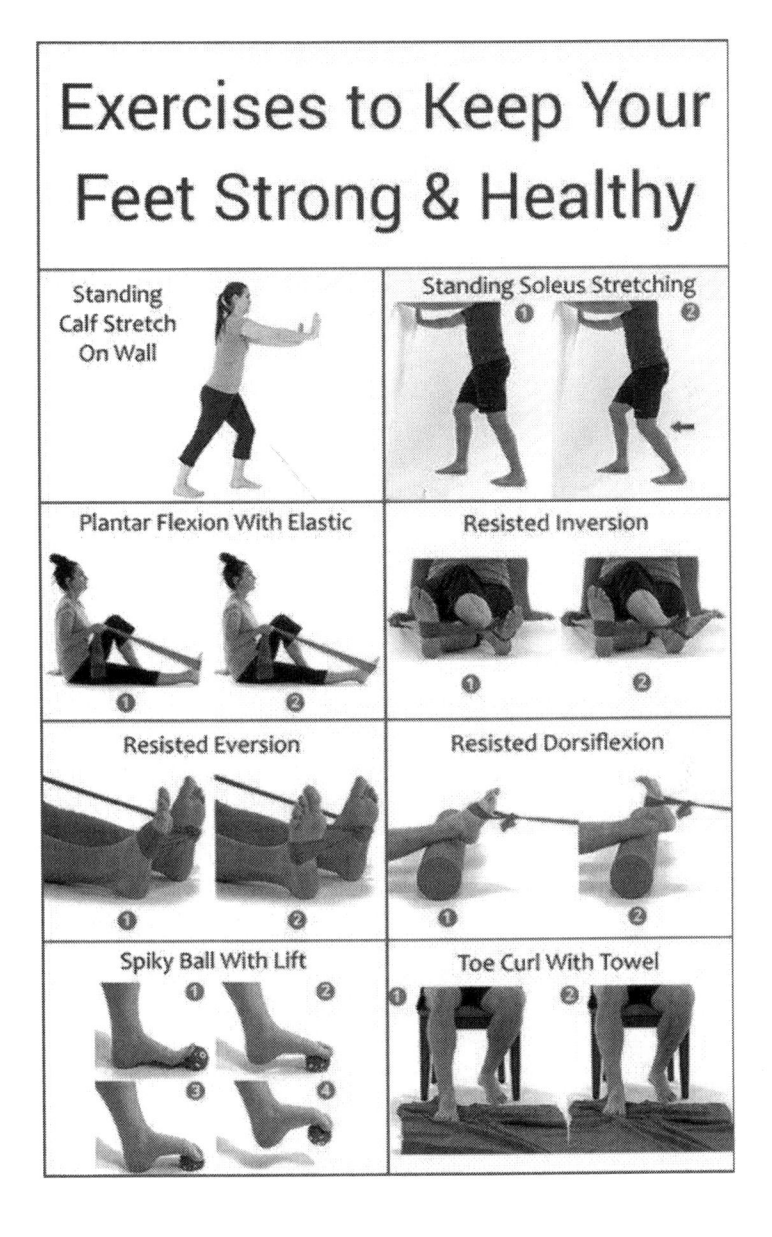

- Standing Calf Stretch On Wall
- Standing Soleus Stretching
- Plantar Flexion With Elastic
- Resisted Inversion
- Resisted Eversion
- Resisted Dorsiflexion
- Spiky Ball With Lift
- Toe Curl With Towel

Me Doblé el Tobillo: ¿Qué hago?

Made in the USA
Middletown, DE
01 September 2024